유일한 구원자 예수 그리스도

새가족모임 교재

KB200977

옥한흠 다락방 시리즈 1

유일한 구원자 예수 그리스도

초판 1쇄 발행 1998년 1월 8일
개정 3판 182쇄(585쇄) 발행 2023년 10월 16일

지은이 옥한흠

펴낸이 오정현
펴낸곳 국제제자훈련원
등록번호 제2013-000170호(2013년 9월 25일)
주소 서울시 서초구 효령로68길 98(서초동)
전화 02)3489-4300 **팩스** 02)3489-4329
이메일 dmipress@sarang.org

ISBN 89-88850-37-8 03230

※ 책값은 뒤표지에 있습니다. 잘못된 책은 구입하신 곳에서 교환해드립니다.

국제제자훈련원은 건강한 교회를 꿈꾸는 목회의 동반자로서 제자 삼는 사역을 중심으로
성경적 목회 모델을 제시함으로 세계 교회를 섬기는 전문 사역 기관입니다.

옥한흠 다락방 시리즈 1

유일한 구원자 예수 그리스도

새가족모임 교재

옥한흠 지음

국제제자훈련원

인사의 말씀

귀한 형제 자매 여러분을 만나게 해주신 하나님 아버지께 감사와 찬송을 돌립니다.

교회는 예수님을 하나님의 아들이요 구주로 고백하는 자들로 구성된 거룩한 모임입니다. 하나님이 이끌지 아니하면 자기 힘으로는 아무도 나올 수 없는 은혜의 자리입니다. 그러므로 교회에 나오신 형제 자매 여러분들을 만나게 된 것은 전적으로 하나님이 허락하신 선물이라고 생각합니다.

누구든지 교회에 처음 발을 들여놓기가 쉬운 일은 아닙니다. 그리고 오랫동안 다니던 교회에서 다른 교회로 옮긴다는 것 역시 매우 힘든 일입니다.

새가족모임은 처음 교회에 나오신 분들과 타교회에서 옮기신 분들을 도와드리기 위해 마련된 프로그램입니다. 이 프로그램을 거치면 막연히 예배만 출석하는 분들에 비해 적어도 1년 이상 빨리 적응을 할 수 있습니다.

교회에 나오기 시작하면 무엇보다 교회를 왜 다니는가에 대해 분명하게 배워야 합니다. 그리고 예수님을 모시고 사는 신앙생활을 어떻게 하면 잘할 수 있는가를 알아두어야 합니다. 그뿐 아니라 자신이 출석하는 교회가 어떠한 교회인가를 빨리 파악해두는 것이 좋습니다. 각 교회는 담임목사의 철학에 따라 교회의 체질이 다소 차이가 있을 수 있습니다. 가정마다 가장의 생활 철학에 따라 그 분위기나 생활 양식이 조금씩 다른 것과 흡사하다고 할 수 있습니다. 그러므로 새로 등록하신 분들은 할 수 있는 대로 이 개성을 빨리 파악해서 쉽게 동화하는 것이 자신의 교회 생활과 신앙 발전을 위해 큰 도움이 될 것입니다. 그래야 빨리 소속감을 가지고 정착할 수 있습니다. 그렇지 않으면 1년을 다녀도 손님 같은 기분을 떨쳐버리지 못할지도 모릅니다.

새가족모임은 지금까지 말씀드린 여러 가지 점을 돕기 위해 늘 문을 열어놓고 기다리고 있습니다. 이 프로그램을 잘 이용하시면 복음에 대해 다시 정리할 수 있습니다. 구원의 확신을 얻을 수 있습니다. 신앙생활에서 일어날 수 있는 여러 가지 문제를 치료할 수 있습니다. 본 교회를 좀 더 깊게 이해할 수 있습니다. 그리고 교회를 사랑하게 될 것입니다. 끝으로 이 자리에서 만나는 분들과 그리스도의 사랑을 나누는 아름다운 교제를 즐길 수 있습니다.

한 번 나오시면 5주 동안 빠지지 않도록 세심한 신경을 써야 합니다. 그리고 이 모임을 마치는 즉시 다락방(소그룹) 모임에 들어가게 될 것입니다.

새가족모임에 나오실 동안 개인적으로 상담을 원할 경우 담당 교역자와 미리 시간 약속을 해주시면 감사하겠습니다. 아무쪼록 새가족모임을 통해서 하나님의 은혜가 충만하시기를 기도합니다. 사랑하는 형제 자매님들을 만나게 해주신 하나님께 다시 한 번 감사를 드립니다.

차 례

유일한 구원자 예수 그리스도

 이야기 하나 **다시 떠난 탕자**

이 이야기는 다시 떠난 탕자 이야기입니다.
탕자는 우리들이 잘 아는 것처럼 아버지를 떠났던 아들입니다.
아버지를 졸라서 자기 몫의 재산을 챙기고 아버지 집을 떠났다가
빈털터리가 되어 다시 집에 돌아왔던 탕자.
바로 그에 대한 이야기입니다.

그때 탕자의 아버지는 극
진한 사랑으로 탕자를 맞
이했고, 탕자는 자기의 잘
못을 뉘우치고 아버지 집
에서 잘 살았습니다.
그런데 탕자가 또 집을 떠
났습니다.

하지만 이번에는 사랑하는 아버지를 위해서 집을 떠났습니다.
아버지는 그럴 필요가 없다고 반대하셨지만 탕자는 사랑하는
아버지에게 돈을 벌어 귀한 선물을 사드리려고 집을 떠난 것입니다.
다시 떠난 탕자는 정말 열심히 일했습니다.
탕자는 아버지가 보고 싶었지만,
꾹 참고 부지런히 돈을 모았습니다.
사랑하는 아버지를 위해서 말입니다.
5년 후 탕자는 성공했고,
많은 돈을 벌었습니다.
그리고 사랑하는 아버지에게 드릴 좋은 선물을 가지고
집으로 돌아왔습니다.

하지만 탕자가 집에 도착했을 때 아버지는 집에 계시지 않았습니다.
바로 한 달 전, 아버지는 병으로 돌아가셨기 때문입니다.
아버지의 죽음 앞에서 탕자의 마음은 너무 아팠습니다.
그리고 그를 더욱 더 가슴 아프게 한 것은 아버지의 유서였습니다.

"사랑하는 아들아.
나에게는 아무것도 필요 없단다.
정말로 내게 필요한 것은 바로 너와 함께 있는 것이었단다.
네가 정말 보고 싶구나."

아버지의 마음을 잘 아는 것이 아버지를 기쁘게 할 수 있는 시작입니다.

 그를 아는 것에서

　다시 집을 떠났던 탕자는 자기가 아버지를 잘 안다고 생각했습니다.
그래서 아버지가 좋아하는 것을 사드리겠다고 집을 떠난 것입니다. 그
러나 그는 아버지의 마음을 바로 알지 못했습니다. 탕자는 아버지가 진
정 어떤 분인지 알지 못했습니다. 그것이 탕자의 슬픔이었습니다. 이렇
듯이 우리가 누군가에 대해서 바로 아는 것은 참 중요한 것입니다. 그가
나와 가까운 존재일수록 그에 대해서 아는 것은 아주 중요합니다.

마찬가지로 기독교를 이해하기 위해서는 예수님에 대해서 바로 알아야 합니다. 그리고 그가 우리를 위해 무엇을 하셨는가에 대해서도 알아야 합니다.

만약 오늘 당신이 시간을 내어 예수님에 대해 글을 쓴다면 얼마나 자세하고 정확하게 쓸 수 있겠습니까? 불행하게도 많은 사람들이 예수님을 잘못 알고 있고 예수님에 대해 잘못 이야기하는 경우를 자주 보게 됩니다. 이런 현상은 자신에게도 불행한 일이지만 예수님에게도 욕을 돌리는 일이 됩니다. 왜냐하면 하나님께서는 인간에게 구원자 예수 그리스도를 정확하고 충분하게 알 수 있는 모든 자료를 제공해주셨기 때문입니다.

오늘 이 시간에 이 중요한 주제를 가지고 진지하게 생각해봅시다.

1. 예수님은 하나님이 보내신 유일한 구원자입니다.

1) 예수님의 증언
"예수께서 이르시되 내가 곧 길이요 진리요 생명이니 나로 말미암지 않고는 아버지께로 올 자가 없느니라"(요한복음 14:6).

● 길

● 진리

● 생명

2) 베드로의 증언

"다른 이로써는 구원을 받을 수 없나니 천하 사람 중에 구원을 받을
  만한 다른 이름을 우리에게 주신 일이 없음이라 하였더라"(사도행전
  4:12).

2. 예수님이 완전한 자격을 갖추신 구원자이심을 무엇으로 알 수 있습니까?

1) 그는 하나님이시다.

"태초에 말씀이 계시니라 이 말씀이 하나님과 함께 계셨으니 이 말씀
  은 곧 하나님이시니라"(요한복음 1:1).

2) 그는 사람이시다.

" 말씀이 육신이 되어 우리 가운데 거하시매 우리가 그의 영광을 보니
  아버지의 독생자의 영광이요 은혜와 진리가 충만하더라"(요한복음
  1:14).

3) 그러나 죄는 없으시다.

"그가 우리 죄를 없애려고 나타나신 것을 너희가 아나니 그에게는 죄가 없느니라"(요한일서 3:5).

3. 예수님은 우리를 구원하기 위해 어떻게 하셨습니까?

1) 십자가의 죽음

"그리스도께서 우리를 위하여 저주를 받은 바 되사 율법의 저주에서 우리를 속량하셨으니 기록된 바 나무에 달린 자마다 저주 아래에 있는 자라 하였음이라"(갈라디아서 3:13).

2) 부활의 승리

"예수는 우리가 범죄한 것 때문에 내줌이 되고 또한 우리를 의롭다 하시기 위하여 살아나셨느니라"(로마서 4:25).

3) 승천의 영광

"주 예수께서 말씀을 마치신 후에 하늘로 올려지사 하나님 우편에 앉
  으시니라"(마가복음 16:19).
  * 성령을 보내주심

  * 중보기도 해주심

  * 재림을 준비하심

4. 예수 그리스도를 믿는 자에게 주시는 하나님의 선물은 무엇입니까?

1) 집안 구원

"주 예수를 믿으라 그리하면 너와 네 집이 구원을 받으리라"(사도행
  전 16:31).

2) 하나님의 자녀 되는 권세

"영접하는 자 곧 그 이름을 믿는 자들에게는 하나님의 자녀가 되는 권세를 주셨으니"(요한복음 1:12).

3) 영생 얻음

"진실로 진실로 너희에게 이르노니 믿는 자는 영생을 가졌나니"(요한복음 6:47).

◎ **꼭 읽어야 할 책**

『구원의 확신 그리고 기쁨』, 조지 커팅, 나침반.

◎ **읽으면 도움이 되는 책**

『차마 신이 없다고 말하기 전에』, 박영덕, IVP.

◎ **이번주 과제**

1) 신앙 간증문 써 오기.

2) 매일 요한복음 1장씩 읽기.

제2과 | 믿음이란 무엇인가?

 이야기 둘 **곰보 약장수의 약초**

옛날.

어느 산골에 마을 하나가 있었습니다.

그런데 이 마을 사람들은 서로 믿는 믿음이 없었습니다.

마음속 깊은 곳에 서로에 대한 의심으로 가득 찬 그들은

언제나 서로 속이고, 속으며 살아갔습니다.

그래서 다른 마을 사람들은 이 마을을 '못된 마을'이라고 불렀습니다.

하지만 딱 한 사람,

'곰보'라고 불리는 약장수만 정직한 사람이었습니다.

곰보 약장수는 이 마을 사람들로부터 언제나 속임과 놀림을 당했지만,

그는 결코 거짓을 말하거나 거짓 약을 팔지 않았습니다.

그러나 못된 마을 사람들은

정직한 곰보 약장수의 말도 믿지 않았습니다.

곰보 약장수도 그들처럼 자신들을 속일 것이라고 생각했기 때문입니다.

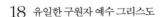

어느 날,

이 못된 마을에 전염병이 돌기 시작했습니다.

아주 지독한 전염병이었습니다. 그리고 수많은 사람들이 죽어갔습니다.

그러자 곰보 약장수는

전염병을 고칠 수 있는 약초를 구하기 위해서

험한 산속으로 들어갔습니다.

며칠 후.

곰보 약장수는 약초를 구해 마을로 돌아왔습니다.

그런데 못된 마을 안에는 이미 다른 약장수들이 약초를 팔고 있었습니다.

하지만 이 약초는 전염병에 전혀 효과가 없는 가짜 약초였습니다.

당연히 전염병으로 죽는 사람들의 수는 줄어들지 않았고

점점 늘어만 갔습니다. 못된 마을 사람들은 불안에 떨었습니다.

곰보 약장수가 구해온 약초를 먹고

전염병이 나았다는 말도 들었지만, 그 말을 믿을 수가 없었습니다.

오랜 시간 후, 못된 마을 사람들은

곰보 약장수의 약초가 진짜라는 사실을 깨달

았습니다.

가짜 약초를 팔던 약장수들이

모두 전염병으로 죽어버렸기 때문입니다.

하지만 이때는 이미 못된 마을 사람들의

절반 이상이 죽은 다음이었습니다.

그 후 이 지독한 전염병은 못된 마을에서 점점 사라져갔습니다.

그리고 전염병처럼 서로 믿지 못하던 마을 사람들의

못된 습관도 점점 사라지기 시작했습니다.
못된 마을은 어느새 정직하고 살기좋은 마을로 서서히 변했습니다.
마을 사람들을 살리기 위해 애쓴 곰보 약장수처럼
무엇보다도 소중한 것이 바로 믿음이라는 사실을
마을 사람들 모두가 깊이 깨달았기 때문입니다.

믿음은 이 세상을 밝히는 또 하나의 눈입니다.

 또 하나의 눈으로

　믿음은 눈에 보이지 않지만, 눈에 보이는 그 어떤 것보다도 중요합니다. 믿음이 없이는 단 하루도 살아갈 수가 없기 때문입니다. 이야기에 나오는 '못된 마을'의 슬픔은 마을 안에 믿음이 존재하지 않았다는 사실입니다. 누구를 믿어야 할지 모르는 상황 때문에 수많은 마을 사람들이 죽었습니다. 믿음은 곧 생명입니다. 기독교에서 그렇게 믿음을 강조하는 이유도 바로 여기에 있습니다.

　우리가 교회를 다니면서 가장 많이 듣고 사용하는 단어가 믿음일 것입니다. 성경은 믿음이 없이는 하나님을 알 수도 없고 구원받을 수 없으며, 하나님을 기쁘게 할 수도 없고, 세상을 이길 수도 없다고 말씀합니다. 이처럼 믿음은 교회를 다니는 사람들에겐 생명과도 같습니다.

　그렇기 때문에 우리는 믿음이 무엇인가를 정확하게 알고 순수하고 강한 믿음을 소유한 신앙인이 되어야 합니다. 성경을 통해 우리는 거짓 믿음을 가진 자가 얼마나 많으며, 병든 믿음을 가지고 살다가 가장 중요한 시점에서 모든 것을 잃어버리는 불행한 사람들의 종말을 보게 됩니다.

이제 우리는 이런 불행한 자들이 되지 않기 위해서 믿음에 관한 중요한 것들을 공부할 것입니다.

1. 참믿음의 대상은 누구이며 그 내용은 무엇입니까?

1) 믿음의 대상

"시몬 베드로가 대답하여 이르되 주는 그리스도시요 살아 계신 하나님의 아들이시니이다"(마태복음 16:16).

● 그리스도

● 하나님의 아들

2) 믿음의 내용

"네가 만일 네 입으로 예수를 주로 시인하며 또 하나님께서 그를 죽은 자 가운데서 살리신 것을 네 마음에 믿으면 구원을 받으리라"(로마서 10:9).

- 십자가

- 부활

2. 믿음과 구원의 관계를 설명하고 그 중요성에 대해 살펴봅시다.

1) 믿음과 구원의 관계

"사람이 마음으로 믿어 의에 이르고 입으로 시인하여 구원에 이르느
니라"(로마서 10:10).

2) 중요성

"너희는 그 은혜에 인하여 믿음으로 말미암아 구원을 받았으니 이것
은 너희에게서 난 것이 아니요 하나님의 선물이라 행위에서 난 것이
아니니 이는 누구든지 자랑하지 못하게 함이라"(에베소서 2:8-9).

3. 믿음은 돌아서는 결단이며 자신을 전인격적으로 내맡기는 행위입니다.
   당신의 믿음은 어떻습니까?

  1) 결단
  "이 세상이나 세상에 있는 것들을 사랑하지 말라 누구든지 세상을 사
   랑하면 아버지의 사랑이 그 안에 있지 아니하니"(요한일서 2:15).

  2) 위탁
  "예수께서 그를 보시고 이르시되 재물이 있는 자는 하나님의 나라에
   들어가기가 얼마나 어려운지 낙타가 바늘귀로 들어가는 것이 부자가
   하나님의 나라에 들어가는 것보다 쉬우니라"(누가복음 18:24-25).

4. 참믿음을 소유한 자가 누릴 축복은 무엇입니까?

  1) 기쁨과 평강을 누림
  "소망의 하나님이 모든 기쁨과 평강을 믿음 안에서 너희에게 충만하
   게 하사 성령의 능력으로 소망이 넘치게 하시기를 원하노라"(로마서
   15:13).

2) 기도 응답

"너희가 기도할 때에 무엇이든지 믿고 구하는 것은 다 받으리라 하시
니라"(마태복음 21:22).

3) 하나님 앞에 당당히 나아감

"우리가 그 안에서 그를 믿음으로 말미암아 담대함과 확신을 가지고
하나님께 나아감을 얻느니라"(에베소서 3:12).

4) 신앙생활의 승리

"모든 것 위에 믿음의 방패를 가지고 이로써 능히 악한 자의 모든 불
화살을 소멸하고"(에베소서 6:16).

◎ **꼭 읽어야 할 책**

『구원의 확신 그리고 기쁨』, 조지 커팅, 나침반.

◎ **읽으면 도움이 되는 책**

『그리스도인 성장의 열쇠』, 리로이 아임스, 네비게이토, pp. 172~189.

◎ **이번주 과제**

1) "나는 예수 믿는 사람입니다" 라고 고백하기
2) 매일 요한복음 1장씩 읽기

| 제3과 | 어떻게 하면 신앙생활을 잘할 수 있는가? |

 이야기 셋 **사랑 잇기**

이금숙 집사.
딸아이 학교에 청소를 하러 가는 수요일이 되면
그녀는 오전부터 빵을 굽기 시작합니다.
대학에서 피아노를 전공했던 그녀가 피아노 치는 일보다 이렇게
빵 굽는 일을 더 소중히 생각하게 된 것에는 특별한 사연이 있습니다.

17년 전. 그녀는 누구보다 기독교를 싫어하는 사람이었습니다.
어릴 적부터 불교 집안에서 자랐기에
그녀가 기독교인들을 만날 수는 없었지만,
기억 속의 기독교인들은 늘 안 좋은 모습이었습니다.
결혼 후 시작하게 된 피아노 레슨 일로
기독교인들의 가정을 방문할 기회가 많았고
기독교에 대한 그녀의 인상은 점점 더 나빠져갔습니다.

교회 일을 한답시고 집 안을 엉망으로 해놓고 다니는 주부들.
자식들 피아노 가르치는 일에만 욕
심을 냈지, 정작 레슨비 내는 것에
는 너무나 인색한 사람들.
그들이 전도를 하겠다며 하나님의
사랑을 말할 때, 그녀는 기독교인들
모두가 진실하지 못한 사람들이라
고 생각했습니다.

어느 날. 소현이라는 학생을 소개받았습니다.
그 집 또한 기독교 가정이라는 말을 듣고,
그녀는 아무런 기대도 없이 소현이네 집을 방문했습니다.
그런데 소현이네 집은 첫인상부터 달랐습니다.
깔끔하게 정돈된 거실과 평온한 집안 분위기.
무엇보다도 소현 어머니의 밝은 인상과 친절한 말씨는
그녀의 마음을 사로잡았습니다.
가정부 아줌마와 기사 아저씨에게도 언제나 한 가족처럼
잘 대해주는 소현 어머니의 온유한 모습은
그녀의 기독교인들에 대한 편견을 흔들어놓기 시작했습니다.
그녀가 첫아이 출산 때문에 한 달 동안 레슨을 쉰 적이 있었습니다.
그때 소현 엄마가 그녀의 집에 찾아왔습니다.
그녀가 일하지도 않은 한 달치 레슨비와 선물을 가지고….
당시 그녀가 가르치는 학생이 20명도 넘었지만
이렇게까지 그녀를 걱정해준 사람은 소현 어머니뿐이었습니다.

 그리고 소현 어머니가 돌아간 자리에는

가죽 표지가 예쁜 성경책과 찬송가가 놓여져 있었습니다.

그 후, 그녀는 소현 어머니가 소개해준

교회 '다락방 모임'에 나가게 되었습니다.

그때부터 다락방 모임을 한 번도 빠지지 않은 그녀는

순원에서 다락방 순장과 순장 임원으로, 그리고 지금은 교회 집사로서

누구보다 열심히 교회 일에 봉사를 하고 있습니다.

어느새 오븐에서 구수한 빵 냄새가 풍겨 나옵니다.

딸아이 학교에 가서 학부모들끼리 청소를 하는 수요일 오후는

그녀가 여러 사람들과 사귈 수 있는 좋은 시간입니다.

그래서 그녀는 수요일마다 직접 빵을 만듭니다.

학부모들과 함께 이야기를 나누기 위해서 말입니다.

이런 작은 정성 하나가 한 영혼을

주님께로 인도하는 소중한 일의 시작이라는 것을

그녀는 누구보다 잘 알고 있었습니다.

오래 전, 이금숙 씨가 소현 어머니로부터 받았던 사랑과 친절.

그것은 17년이 지난 지금까지 이금숙 집사의

마음속에 남아서 오늘, 또 다른 누군가에게

소리 없이 흘러가고 있습니다.

신앙은 삶의 꽃으로 피어나 열매를 맺습니다.

(이 글은 S교회 이금숙 집사가 실제로 경험했던 이야기입니다.)

삶의 꽃으로 피어나 열매로

　신앙생활은 교회 생활만을 의미하지는 않습니다. 신앙생활은 신앙인들의 삶이 모든 영역에서 신앙인답게 사는 것을 말합니다. 이런 면에서 이금숙 집사가 경험했던 이야기는 시사하는 바가 큽니다. 잘못된 신앙생활은 오히려 예수님을 믿지 않는 사람들에게 잘못된 편견을 심어줄 수도 있습니다. 하지만 진정한 신앙생활은 이금숙 집사와 소현 어머니의 경우처럼 아름다운 삶으로 이어집니다.

　신앙생활이란 예수를 나의 구주 나의 하나님으로 고백하는 자로서 어떻게 하면 모든 생활 영역에서 승리의 생활을 할 수 있을 것인가를 염두에 두고 사용하는 말입니다. 다시 말해서 교회 안에서만 아니라 교회 밖에서도 신앙인답게 바로 사는 것을 의미합니다.

　신앙생활이란 말을 잘못 이해하면 가정과 직장을 등한히 하고 날마다 교회만 드나든다든지, 아니면 부흥집회나 기도원 같은 데만 열심히 쫓아다닌다든지 하는 이상한 방향으로 흐르게 됩니다. 이런 자세는 성경이 가르치는 정도(正道)가 아닙니다. 그리고 이렇게 잘못된 신앙생활은 오히려 예수님을 믿지 않는 사람들에게 잘못된 편견을 심어줄 수도 있습니다.

　하나님이 기뻐하시는 신앙생활은 자신의 삶 전부를 하나님이 기뻐하시는 제물로 드리는 것입니다. 즉 교회 일이나 교회 밖의 일이나 항상 하나님 중심으로 성실하게 사는 생활을 말합니다.

　오늘 함께 나눈 이야기처럼 신앙생활은 아름다운 삶에서 아름다운 삶으로, 열매로 나타나는 것입니다.

1. 하나님이 기뻐하시는 신앙생활을 하기 위해 당신에게 필요한 것과 주의해야 할 것은 무엇입니까?

"너희에게 인내가 필요함은 너희가 하나님의 뜻을 행한 후에 약속하신 것을 받기 위함이라 잠시 잠깐 후면 오실 이가 오시리니 지체하지 아니하시리라 나의 의인은 믿음으로 말미암아 살리라 또한 뒤로 물러가면 내 마음이 그를 기뻐하지 아니하리라 하셨느니라 우리는 뒤로 물러가 멸망할 자가 아니요 오직 영혼을 구원함에 이르는 믿음을 가진 자니라"(히브리서 10:36-39).

● 필요한 것

● 주의해야 할 것

2. 신앙생활을 방해하는 다음 몇 가지를 생각해보고, 그 외에 또 어떤 것들이 있는지 나누어보십시오.

1) 돈

"돈을 사랑함이 일만 악의 뿌리가 되나니 이것을 탐내는 자들은 미혹을 받아 믿음에서 떠나 많은 근심으로써 자기를 찔렀도다"(디모데전서 6:10).

2) 교만

"옳도다 그들은 믿지 아니하므로 꺾이고 너는 믿으므로 섰느니라 높은 마음을 품지 말고 도리어 두려워하라"(로마서 11:20).

3) 명예

"너희가 서로 영광을 취하고 유일하신 하나님께로부터 오는 영광은 구하지 아니하니 어찌 나를 믿을 수 있느냐"(요한복음 5:44).

3. 신앙생활을 잘하기 위한 다음의 적극적인 방법들에 대해 나누고 당신의 삶에 적용해보십시오.

1) 하나님 중심의 삶

"우리가 살아도 주를 위하여 살고 죽어도 주를 위하여 죽나니 그러므로 사나 죽으나 우리가 주의 것이로다"(로마서 14:8).

2) 말씀

"예수께서 대답하여 이르시되 기록되었으되 사람이 떡으로만 살 것이 아니요 하나님의 입으로부터 나오는 모든 말씀으로 살 것이라 하였느니라 하시니"(마태복음 4:4).

3) 기도

"기도를 계속하고 기도에 감사함으로 깨어 있으라"(골로새서 4:2).

4) 교제

"날마다 마음을 같이하여 성전에 모이기를 힘쓰고 집에서 떡을 떼며 기쁨과 순전한 마음으로 음식을 먹고 하나님을 찬미하며 또 온 백성에게 칭송을 받으니 주께서 구원 받는 사람을 날마다 더하게 하시니라"(사도행전 2:46-47).

5) 전도

"너희는 온 천하에 다니며 만민에게 복음을 전파하라"(마가복음 16:15).

6) 봉사

"그러므로 내 사랑하는 형제들아 견실하며 흔들리지 말고 항상 주의 일에 더욱 힘쓰는 자들이 되라 이는 너희 수고가 주 안에서 헛되지 않은 줄 앎이라"(고린도전서 15:58).

4. 주님과의 만날 약속

나는 날마다   시   분부터   시   분까지 (   )에서 주님과 만날 것을 약속합니다.

년   월   일

_____ 인

◎ 꼭 읽어야 할 책

『내 마음 그리스도의 집』, 로버트 멍어, IVP.

『그리스도인 성장의 열쇠』, 리로이 아임스, 네비게이토, pp. 26~47,
80~117.

◎ 읽으면 도움이 되는 책

『아프지도 말고 죽지도 말자』, 정천성, 국제제자훈련원.

◎ 이번주 과제

1) 매일 경건의 시간 갖기

2) 매일 요한복음 1장씩 읽기

성경은 하나님의 말씀이다

제4과

 이야기 넷 **낡은 성경책 한 권**

무서운 전쟁.

하지만 나에게 더 무서운 것은 배고픔이었다.

'얼마나 더 굶어야 따뜻한 밥 한 끼를 먹을 수가 있을까?'

전쟁터에서 죽은 아버지. 피난길에서 헤어진 어머니.

하지만 나에게 더 간절한 것은 강냉이죽 한 그릇이었다.

그나마 힘센 아이들은 먹을 것을 훔치기라도 했지만,

나처럼 힘없는 아이는 쓰레기 속을 뒤져야만 했다.

하지만 거기에도 먹을 만한 것은 거의 없었다.

내가 존이라는 미국인 가족을 만난 것은 정말 행운이었다.

존 아저씨 부부는 나처럼 굶주린 아이들에게 날마다 먹을 것을

나누어주었다. 그리고 아픈 사람들을 찾아서 정성껏 돌봐주기도 했다.

난 굶주린 사람들 틈에 끼어서 존 아저씨가 나누어주는

맛있는 우유 가루를 먹을 때마다 한 가지 이상한 생각을
떨쳐버릴 수 없었다.
'존 아저씨는 왜 우릴 도와주는 걸까? 우리나라 사람도 아닌데…'
1년이 지난 어느 날.
나는 존 아저씨 부부가 우는 것을 처음 보았다.
존 아저씨의 아들이 병으로 죽은 것이었다.
하나밖에 없는 그분의 아들이!
하지만 존 아저씨 부부는 이 가난한 나라를 떠나가지 않았다.
존 아저씨의 도움으로 난 초등학교를 졸업하고, 중학교에도 입학할 수 있었다.
중학교에 입학하던 날, 나는 존 아저씨로부터 선물을 받았다.
여러 권의 공책과 연필, 그리고 낡은 영어성경책 한 권.
모두가 죽은 아들의 것이었다.
내가 존 아저씨에게 물었다.
"아저씨는 왜 우리나라에 오셨어요?"
한동안 말이 없던 존 아저씨가 낡은 성경책을 내 손에
꼭 쥐여주면서 말씀하셨다.
"너에게 이 성경책을 주고 싶어서…"
난 존 아저씨의 말이 무슨 뜻인지 알 수가 없었다.
하지만 더 이상 물어보지 않았다.
존 아저씨의 그 따뜻한 눈빛만으로도 나에겐 충분했기 때문이다.

그 뒤로 많은 시간이 흘렀다. 한국의 경제는 눈부시게 발전했고,
나 역시 넉넉한 집안의 가장이 되었다.
오래전, 존 아저씨의 바람이 실제로 이루어진 것이다.

36 유일한 구원자 예수 그리스도

내가 먼 옛날을 떠올리는 동안 아들 녀석은 자기가 아끼던 장난감을,
아내는 옷 한 벌과 운동화 한 켤레를 선물 상자에 넣었다.
몇 년 전부터 우리 가족이 후원하고 있는
필리핀 소녀 마리샤에게 보낼 선물이었다.
나도 선물 하나를 그 상자에 넣었다.

"아빠, 그건 아빠가 가장 아끼던 거잖아요."
아들 녀석이 눈을 동그랗게 뜨고 나에게 물었다.
"그래, 이건 마리샤에게 주려고 아껴두었던 거야."

그동안 나에게 큰 힘이 되어주었던 존 아저씨의 낡은 성경책 한 권.
순간 이런 생각이 들었다.
'어쩌면 존 아저씨는 마리샤라는 소녀에게 이 성경책을 주기 위해서
나에게 오셨을지도 모른다!'

책 한 권에 생명을 바칠 수 있는 이유는
그 책에서 새 생명을 받았기 때문입니다.

 생명의 책

    역사 속에서 책 한 권 때문에 이렇게 많은 사람들이 죽었던 경우는 없
었습니다. 그것도 자기를 위해서가 아니라 앞의 이야기에 나오는 '존

아저씨'처럼 남에게 전해주기 위해서 목숨까지 바치는 경우는 단 한 권, 성경밖에 없습니다. 지금도 이 세상에서는 '존 아저씨'와 같은 수많은 사람들이 자신의 삶뿐만 아니라, 자기 가족의 삶까지 함께 희생하면서 낯선 사람들에게 성경을 전하고 있습니다. 왜 그럴까요? 이 질문에 대한 답변은 의외로 간단합니다. 그들이 성경에 생명을 바칠 수 있는 이유는 성경을 통해 새 생명을 받았기 때문입니다. 이처럼 성경은 아주 놀라운 책입니다.

'성경이 얼마나 놀라운 책인가'라는 질문에 답하기 위한 자료는 얼마든지 있습니다. 그러나 사람들은 성경이 지닌 초자연적인 능력을 과소평가하는데, 그것은 성경을 잘 모르는 데서 생기는 소치입니다. 일반적으로 성경을 많이 비판하는 사람일수록 성경을 잘 읽지 않습니다. 성경을 모르는 만큼 성경은 작아 보일 것입니다.

성경은 하나님께서 인간에게 주신 가장 참되고 유일한 진리입니다. 하나님께서 그 성경을 우리에게 주시기 위해 1,600여 년 동안 40여 명의 사람들을 동원하셔서 기록하셨습니다. 그리고 지난 2,400년 동안 기적적으로 보존해주셨습니다. 얼마나 많은 황제와 폭군들이 성경을 영원히 매장시키려고 했는지 모릅니다. 성경을 장사지내는 영구차의 조종(弔鍾) 소리가 수없이 울렸지만 성경은 무덤을 다시 열고 살아났습니다. 이 놀라운 능력을 지닌 성경이 어떤 책인지 살펴봅시다.

1. 성경의 저자는 누구입니까?

1) 성경의 영감설
"모든 성경은 하나님의 감동으로 된 것으로…"(디모데후서 3:16).

2) 성경의 해석
"먼저 알 것은 성경의 모든 예언은 사사로이 풀 것이 아니니 예언은
언제든지 사람의 뜻으로 낸 것이 아니요 오직 성령의 감동하심을 받
은 사람들이 하나님께 받아 말한 것임이라"(베드로후서 1:20-21).

2. 신구약 성경의 주제는 무엇이며, 이 두 성경의 차이점은 무엇입니까?

"옛적에 선지자들을 통하여 여러 부분과 여러 모양으로 우리 조상들
에게 말씀하신 하나님이 이 모든 날 마지막에는 아들을 통하여 우리
에게 말씀하셨으니…"(히브리서 1:1-2).
- 구약

- 신약

3. 하나님께서 성경을 주신 목적은 무엇입니까?

1) 구원

"오직 이것을 기록함은 너희로 예수께서 하나님의 아들 그리스도이
심을 믿게 하려 함이요 또 너희로 믿고 그 이름을 힘입어 생명을 얻
게 하려 함이니라"(요한복음 20:31).

- 예수 믿게 함

- 생명 얻게 함

2) 신앙생활의 지침

"모든 성경은 하나님의 감동으로 된 것으로 교훈과 책망과 바르게
함과 의로 교육하기에 유익하니 이는 하나님의 사람으로 온전하게
하며 모든 선한 일을 행할 능력을 갖추게 하려 함이라"(디모데후서
3:16-17).

- 성경의 기능 – 교훈

　　　　　– 책망

　　　　　– 바르게 함

　　　　　– 의로 교육

- 목적 – 하나님의 사람으로 무장시켜줌

  – 선한 일을 하도록 무장시켜줌

4. 성경에 대한 신자의 태도는 어떠해야 합니까?

"이 예언의 말씀을 읽는 자와 듣는 자와 그 가운데에 기록한 것을 지
 키는 자는 복이 있나니 때가 가까움이라"(요한계시록 1:3).
- 읽는 자

- 듣는 자

- 지키는 자

5. 성경은 어떻게 구성되어 있습니까?

- 구약

모세오경 : 창세기, 출애굽기, 레위기, 민수기, 신명기

역 사 서 : 여호수아, 사사기, 룻기, 사무엘상, 사무엘하, 열왕기상,
            열왕기하, 역대상, 역대하, 에스라, 느헤미야, 에스더

시 가 서 : 욥기, 시편, 잠언, 전도서, 아가

예 언 서 : 이사야, 예레미야, 예레미야애가, 에스겔, 다니엘, 호세아,

요엘, 아모스, 오바댜, 요나, 미가, 나훔, 하박국, 스바냐, 학개, 스가랴, 말라기

● 신약

공관복음 : 마태복음, 마가복음, 누가복음

사복음서 : 마태복음, 마가복음, 누가복음, 요한복음

역 사 서 : 사도행전

바울서신 : 로마서, 고린도전서, 고린도후서, 갈라디아서, 에베소서, 빌립보서, 골로새서, 데살로니가전서, 데살로니가후서, 디모데전서, 디모데후서, 디도서, 빌레몬서, 히브리서

공동서신 : 야고보서, 베드로전서, 베드로후서, 요한일서, 요한이서, 요한삼서, 유다서

예 언 서 : 요한계시록

◎ 꼭 읽어야 할 책

『말씀으로 승리하라』, 존 파이퍼, IVP.

『존 맥아더의 성경, 이렇게 믿어라』, 존 맥아더, 생명의 말씀사.

◎ 읽으면 도움이 되는 책

『과학과 종교 과연 무엇이 다른가』, 알리스터 맥그래스, LINN.

◎ 이번주 과제

1) 성경 목록 암송하기

2) 매일 요한복음 1장씩 읽기

교회와 그 중요성

 이야기 다섯 **일곱 소리 마을**

옛날, 아주 먼 옛날.
소리 나라에서 가장 시끄러운 마을로 소문난
'일곱 소리 마을' 이 있었습니다.
이 마을에는 '도레미파솔라시' 라는 서로 다른 일곱 소리가
함께 살고 있었습니다.

어느 날. 일곱 소리 마을 아이들이 한 곳에 모여서
심각하게 고민을 하고 있었습니다.
마을 어른들이 날마다 싸우고 있었기 때문입니다.

일곱 소리 어른들은 언제나 자기 목소리만을 주장하며
서로에게 조금도 양보하지 않았습니다.
그래서 일곱 소리 마을에서는 서로 다른
일곱 가지 목소리가 날마다 시끄럽게 들려왔습니다.
언제나 도도한 목소리로 '도도'가 자기 주장을 하면,
'솔솔'은 웃기지 말라며 쌀쌀맞게 소리를 질렀습니다.
'시시'는 시시콜콜한 것까지 늘 시비를 걸었고,
좀 과격한 '파파'는 퍽퍽 주먹까지 휘두르곤 했습니다.
한밤중에도 랄라랄라 시끄럽게 떠들기를 좋아하는 '라라.'
미미한 소리에도 짜증을 잘 내며 투덜거리는 '미미.'
에에 소리를 지르며 언제나 남들에게 야유하는 '레레.'
이런 일곱 소리 어른들의 시끄러운 싸움은
일곱 소리 아이들을 날마다 괴롭게 했습니다.
너무나 속상한 어린 도도가 울면서 하늘을 향해
먼저 기도를 하기 시작했습니다.
일곱 소리 마을 사람들이 싸우지 않게 해달라는 간절한 기도였습니다.
그러자 옆에 있던 어린 미미와 솔솔도
한목소리로 울면서 기도를 했습니다.
그때 아이들이 깜짝 놀랐습니다.
기도하면서 하나로 모아진 어린 도도와 미미 그리고 솔솔의 목소리가
새로운 소리로 변하는 것을 들었기 때문입니다.
도도와 미미와 솔솔의 한데 어우러진 목소리는
무척이나 아름답고 환상적인 소리였습니다.
아이들이 흥분하기 시작했습니다.

일곱 소리가 서로 어우러지면

그곳에서 새로운 소리가 난다는 사실을 발견했기 때문입니다.

도도, 파파, 라라의 소리가 한데 어우러지거나, 시시, 레레, 솔솔이

한데 어우러져도 또 다른 아름다운 소리가 된다는 것을 알았습니다.

더 놀라운 것은 이렇게 서로

어우러진 소리들이

또 다시 어우러지면 아름다운

하모니가 생긴다는 것이었습니다.

그렇습니다.

소리 아이들이 발견한 것은

바로 화음이었습니다.

화음을 발견한 일곱 소리 아이들은

아름다운 노래를 부르며

어른들이 있는 곳으로 행진을 했습니다.

그때까지도 서로 싸우고 있었던 마을 어른들은 아이들의

아름다운 화음에 모두 놀라고 말았습니다.

일곱 소리 마을에서 이렇게 아름다운 소리를 들은 것은

마을 어른들도 처음이었습니다.

그제야 일곱 소리 마을 어른들은 자기들의 목소리가 서로 어우러질 때

얼마나 듣기 좋고 아름다운 소리가 되는지를 깨달았습니다.

그 뒤로 일곱 소리 마을에서 시끄러운 소리는

더 이상 들리지 않았습니다.

서로 어우러진 아름다운 소리만이 있었습니다.

어느새 일곱 소리 마을은 소리 나라에서
가장 살기 좋은 마을이 되었습니다.
그리고 일곱 소리가 서로 어우러진 그 아름다운 노래는 지금도
이 세상을 아름답게 만들어가고 있습니다.

아름다운 노래는 아름다운 만남에서 흘러나옵니다.

 ## 아름다운 만남의 장으로

이 세상에 노래만큼 아름다운 소리는 없을 것입니다. 참 신기한 것은 복잡하게 그려진 그 수많은 음표와 쉼표들 가운데서 이런 아름다운 노래 소리가 나온다고 하는 것입니다. 그것은 서로 다른 일곱 소리가 하나의 노래가 되어 아름다운 조화를 이루고 있기 때문입니다. 교회도 이와 마찬가지입니다. 일곱 소리에게 오선지가 그려진 악보는 아름다운 만남의 장이 되듯이, 신앙인들에게도 그리스도가 세우신 교회는 아름다운 만남의 장입니다.

한 사람이 예수를 믿으면 그 시간부터 세상을 떠날 때까지 교회와 끊을 수 없는 관계를 맺게 됩니다. 하나님의 자녀에게 교회란 신앙의 어머니며 요람입니다. 엄마 품을 떠난 갓난아이가 살아남을 수 없는 것처럼 신자는 교회를 떠나서는 건강한 신앙을 유지할 수가 없습니다.

지상의 교회가 비록 완전하지 못하고 종종 통탄할 만큼 타락하는 일

이 있지만 그것이 교회의 존재 의미를 무너뜨릴 수는 없습니다. 우리가 교회를 긍정하든 부정하든 상관없이 신앙생활을 시작한 이상 교회 안에 있어야 하며, 하나님은 교회를 통해 일하십니다.

왜냐하면 교회는 예수 그리스도의 몸이요, 우리는 그의 몸에 접붙여진 지체이기 때문입니다. 그러므로 각 지체인 성도는 교회를 통해서 예수님과의 관계를 이어갈 수 있으며, 교회를 통해서 각 지체인 성도들 간의 교제와 협력이 이루어집니다. 그리고 교회가 무엇인가를 올바르게 이해하는 사람은 교회가 바로 우리 삶의 현장이며, 생활 영역의 중심이라는 사실을 감사하게 받아들일 것입니다.

1. 교회는 누가 세우셨습니까?

1) "또 내가 네게 이르노니 너는 베드로라 내가 이 반석 위에 내 교회를 세우리니 음부의 권세가 이기지 못하리라"(마태복음 16:18).

2) "너희는 사도들과 선지자들의 터 위에 세우심을 입은 자라 그리스도 예수께서 친히 모퉁잇돌이 되셨느니라"(에베소서 2:20).

3) "여러분은 자기를 위하여 또는 온 양 떼를 위하여 삼가라 성령이 그들 가운데 여러분을 감독자로 삼고 하나님이 자기 피로 사신 교회를 보살피게 하셨느니라"(사도행전 20:28).

2. 교회를 나타내는 또 다른 말은 무엇입니까?

"고린도에 있는 하나님의 교회 곧 그리스도 예수 안에서 거룩하여지고 성도라 부르심을 받은 자들과 또 각처에서 우리의 주 곧 그들과 우리의 주 되신 예수 그리스도의 이름을 부르는 모든 자들에게"(고린도전서 1:2).

● 지역 교회

● 우주적인 교회

3. 예수님을 믿으면 누구든지 자연적으로 교회의 일원이 됩니다. 그 이
   유는 무엇입니까?

   1) 예수님과 성도의 관계
   - "그는 몸인 교회의 머리시라…"(골로새서 1:18).

   - "너희는 그리스도의 몸이요 지체의 각 부분이라"(고린도전서 12:27).

   2) 성도와 성도의 관계
   - "몸 가운데서 분쟁이 없고 오직 여러 지체가 서로 같이 돌보게 하
     셨느니라"(고린도전서 12:25).

4. 교회가 해야 하는 중요한 일은 무엇입니까?

   "그러므로 너희는 가서 모든 민족을 제자로 삼아 아버지와 아들과 성
   령의 이름으로 세례를 베풀고 내가 너희에게 분부한 모든 것을 가르
   쳐 지키게 하라 볼지어다 내가 세상 끝날까지 너희와 항상 함께 있
   으리라 하시니라"(마태복음 28:19-20).

- 예배

- 증거

- 교제

- 사랑의 봉사

- 교육과 훈련

◎ **꼭 읽어야 할 책**

『평신도를 깨운다』, 옥한흠, 국제제자훈련원, pp.22~117, 277~343.

『길』, 옥한흠, 국제제자훈련원.

◎ **읽으면 도움이 되는 책**

『섬김과 순종으로 세워가는 행복한 교회』, 김병태, 브니엘.

『빌 하이벨스의 섬김』, 빌 하이벨스, 두란노.

『신앙생활 ABC』, 박광철, 프리셉트, pp.167~194.

◎ **이번주 과제**

1) 사도신경, 주기도문, 십계명 외우기

2) 매일 요한복음 1장씩 읽기

새가족모임 출석 점검

새가족모임에 오신 것을 환영합니다.

- 새가족모임은 5주에 걸쳐 진행됩니다.
- 진도에 관계없이 참석하실 수 있습니다.
- 본인이 입구에서 직접 출석을 확인해주십시오.

구 분		날 짜	확 인
1과	유일한 구원자 예수 그리스도		
2과	믿음이란 무엇인가?		
3과	어떻게 하면 신앙생활을 잘할 수 있는가?		
4과	성경은 하나님의 말씀이다		
5과	교회와 그 중요성		

이름 :   전 화 :

주소 :   핸드폰 :